BONSAI का बगीचा

एक भाव संग्रह

मीनू रानी मिश्रा

INDIA · SINGAPORE · MALAYSIA

Notion Press

No. 8, 3rd Cross Street,
CIT Colony, Mylapore,
Chennai, Tamil Nadu – 600 004

First Published by Notion Press 2020

ISBN 978-1-64983-993-0

अनुक्रमणिका

प्रस्तावना

उन्नति की राह पर निरंतर चलते-चलते, जब थोड़ा सुस्ताते हैं हम, तब हमारी इंद्रियाँ थोड़ी सक्रिय होती है और हमें ख्याल आता है कि बेसुध - से कितनी दूर चले आए हैं हम। शायद आप भी ऐसा ही कुछ महसूस करते होंगे। कभी-कभी लगता होगा कि जो पीछे छूटा है वह भी कुछ बुरा नहीं था। फिर लगता होगा कि अगर चलने का नाम ही जिंदगी है तो चलते-चलते आस-पास की खुबसूरती को नजरों में उतारते चलते। लेकिन फिर समय हो जाता है सफर पर आगे बढ़ने का। फिर ये सारे भाव कहीं भीतर दफन हो जाते हैं। फिर बेसुध-से हम चलते चले जाते हैं।

हमने स्वयं ही मशीनें बनाई है - कई तरह की, हमसे अत्याधिक तेज़, अत्याधिक मज़बूत, अत्याधिक कुशल। फिर हम स्वयं ही इस प्रश्न से घिर जाते हैं कि कौन है बेहतर - हम खुद या हमारी बनाई हुई मशीनें।

एक और प्रश्न है जो अक्सर हमारे बीच चर्चा का विषय बना रहता है - मनुष्य में बदलाव संभव है या नहीं। आज जब हम चारों तरफ से नकारात्मक खबरों से घिरे हैं, तो लगता है कि मानव धीरे-धीरे स्वार्थ और कठोरता की गिरफ्त में फंसता चला जा रहा है, और जिसने एक बार अपनी राह चुन ली वह फिर कभी मुड़ता नहीं है।

मान लिजिए मेरी बात, हम सब काफी बेहतर हैं अपनी मशीनों से। भले ही उन्नति की राह पर निरंतर चलना होता है मशीनों की तरह, पर मस्तिष्क में एक कोमल - सा भाग हमेशा सक्रिय रहता है - भावनाओं के सागर में लहरें उठाने को।

यादें मन को थोड़ा विचलित करती हैं, प्रेम हमें स्वप्नलोक में रखता है, जुदाई आखें नम कर देती हैं, खुशियाँ शायद उम्र लम्बी कर जाती हैं। कभी-कभी ये भाव स्वत: हमें महसूस होते हैं, कभी-कभी एक जरिया चाहिए होता है इन्हें महसूस करने के लिए।

राष्ट्रगान सुनते ही एक लहर-सी उठती है दिल में और राष्ट्र के प्रति समर्पण के भाव उभरने लगते हैं। किसी की वेदना पूर्ण कहानी सुनकर हम उसकी वेदना को जैसे स्वयं में महसूस करने लगते हैं। पूजनीय प्रेमचंद जी की रचनाएँ वैसे तो हमारे असंख्य भावों को झकझोरती हैं, पर उनकी एक रचना हमें अद्भुत अनुभूति का बोध कराती है। उनकी वह अतुल्य रचना है - उनकी कहानी "घासवाली"। जहाँ हम अबतक ऊँच-नीच, बेबसी-शोषण के सवालों में फँसे रह गए हैं, वहीं वर्षों पूर्व प्रेमचंद जी ने अपनी रचना से हमें प्रेम और बदलाव के एक नए पहलू से रूबरू कराया है।

मैं कोई कवयित्री या लेखिका नहीं हूँ ना ही साहित्य का कोई विशेष ज्ञान है मुझे। मैंने तो बस कोशिश की है इसी प्रकार के कुछ भावों को शब्दों में पिरोने का। अपने खुद के अनुभवों से, कुछ आस-पास के अनुभवों से, जो विचार जैसे आते गए उन्हें वैसे ही कागज़ पर उतार दिया है। इसलिए कुछ कविताएँ हिन्दी भाषा में है तो कुछ अंग्रेजी में। लेकिन भाषा काफी सरल है, आशा करती हूँ कि भाव पढ़ने में कोई दिक्कत नहीं होगी।

इस पुस्तक में कुल 15 रचनाएँ हैं और सभी एक दूसरे से पूर्णतया भिन्न, बिल्कुल एक बगीचे की भांति जहाँ भिन्न-भिन्न प्रजाति के

पौधे अपनी अनूठी छटा से बगीचे को सुंदर बना देते हैं। हर रचना इक कहानी समेटे है स्वयं में, लेकिन उन्हें छोटी-छोटी कविताओं का स्वरूप दिया गया है, बोनसाई की तरह। शायद इसीलिए मुझे इस पुस्तक के लिए सबसे उपयुक्त शीर्षक लगा-

"Bonsai का बगीचा"।

आप भी इस बगीचे में उन्मुक्त मन से विचरण करें और इसका आनंद लें।

- साभार

मीनू रानी मिश्रा

संक्षिप्त मुलाकात

शाम ढल चुकी थी,
रात भी चांदनी नहीं थी।
एक आशियाना अंधेरे में
डूबा हुआ - सा दिखा।
ना झरोखों से रौशनी आ रही थी,
ना दरवाजे पर ताले दिखे।
शायद कोई बेपरवाह - सा
अंदर बेखबर हो सो रहा था।
उत्सुकता वश आवाज लगाई,
वह निकला, अंगड़ाई लेते,
कहा, इस उजड़े - विरान घर में
कहो तुम्हारा क्या काम है?

थोड़ा घर में दीप जला दूं,
थोड़ा मन - मंदिर महका दूं,
इजाज़त हो अगर आपकी तो
चाहत और मुस्कुराहट फैला दूं।

सकुचाती नजरों को लांघ कर,
घुस गई मैं उस घर के अंदर।
रौशनी में कुछ ठहाके, थोड़े नगमें
गूँज उठे थे अनायस।
वर्षों से जो जमे पड़े थे,
बह गए आखों से हर राज।
लगा था चमन अब यूं ही
नाचता झूमता रहेगा।

आज शाम ढल चुकी है,
रात भी चांदनी नहीं है।
एक आशियाना अंधेरे में
डूबा हुआ - सा दिख रहा।
शायद कोई बेपरवाह - सा
अंदर बेखबर हो सो रहा है।

हैरत

भर के अपनी गगरी को,
सोचा बांध लिया है सागर को।
हंसोगे इस नादानी पर तुम भी,
अब तो गागर भी सागर है,
और बाहर भी सागर है।

चलो अब थोड़ी अक्ल है आई,
इस बार तुम्हारी तस्वीर बनाई।
हर नक्श को हुबहू उतार दिया,
रंगों से पूरा सजा दिया।
अब तस्वीर में भी तुम हो,
और नजरों में भी तुम हो।

करूँ अब कुछ ऐसा,
मन झूमे सावन जैसा।
होठों के बीच पान दबाया,
राग मल्हार का सुर लगाया।
गीतों से फिर क्यों बिदके सब?
अब आखों में सावन है,
और बाहर भी सावन है।

BEING GIRL, BEING POOR

I was a girl, born unwanted and poor,
father drank and mother didn't care.
I had a tiny brain, tough to train,
You watched me growing, never intervened.

I roamed around and you raised your brow,
You decided, now it's time for the show.
A man was brought, all danced at the knot,
You felt relieved, and I got married.

The man was hopeless, he had another mistress.
I lived with him, getting assaulted and distressed.
You thought it's my destiny, I should adjust,
my life was at stake and you just wondered.

I survived with my broken heart and body,
you gave me the balm to heal my injury.
My body recovered but who cared the heart?
I was broken from within and you found a fault.

Time passed and you kept passing me,
your eyes had sympathy but hands were empty.
I wanted to move on, forgetting all the worriedness
I went on, trying to fill all my emptiness
You saw me independent, you called me characterless
You suddenly felt relieved of all your uneasiness

I am a girl living miserably in everybody's nearby
You are the lady, keeping your false pride high.

कोई सहेजता है अश्रु

रजनी की आहट पर
किरण, जो तुम लौट गई,
धीमें - धीमें यह शीतलहर
पूरी फिजा को लपेट गई।

सितम का यूं दौर चला,
सिसका आसमान, आंसू बहकर,
इस धरा पर आ गिरा।
उस अश्रु की कुछ बूंदें,
ठहर गईं कोंपल के पलकों पर।

आज सुबह जो आई हो लौटकर,
बिखरती रौशनी में तुम्हारी धुलकर,
झिलमिला रही बूंदे, ओस बनकर।
लग रहा मानों, इतरा रही कोंपल
अपनी किसी जादूगरी पर।

भोर की इस शोख़ बेला में,
स्मरण करा दूं फिर तुम्हें,
जब आसमान रोया था,
कोंपल पर ठहर गई थी बूंदें।
क्यूंकि आसमान की बेबसी थी,
और कोंपल बर्फ सी ठंडी थी,
पर शायद उसमें सबसे ज्यादा नरमी थी।

सिमटते फ़ासले

मीलों की दूरी से
सोते हुए देख रही तुम्हें
उस चांद की तरह
जो झांक रहा है तुम्हारे झरोखों से।

साथ आई हवाओं के झोकों से
सहला रही हूँ बिखरे बालों की लटें।
बंद आखों के भीतर की हलचल
महसूस कर रही पलकों को छू कर।

इन सपनों में कौन है तुम्हारे?
किसने है शहजादे की नींद संवारें?
होठों पर ऐसे मुस्कान खिले हैं,
जैसे सदियों के अरमान मिले हैं।
जिसके लिए आखें तरसती है दिन में
शायद वही मिले हैं अभी सपनों की गली में।

हाथ पकड़ कर या बाहों में भरकर,
कैसे तुमने इकरार किया है?
लफ्ज़ों को नगमों में पिरो कर,
कैसे प्यार का इजहार किया है?

हौले से करवट बदल कर,
तकिये को सीने से भींच कर,
है यह कैसी अंगराई,
क्या वह भी प्यार से मुस्काई?

अब आखें अगर खुल भी जाए,
यह लम्हा दिल से ना जाए।

हर रात देखूँगी आखों में तैरते सपने सारे
चांदनी फैलेगी जब भी, झरोखों से छनकर तुम्हारे।

TUNING THE PERFECT BEAT

Dancing on the rap of others
Stress, distress, tears, fears
My heart is screaming
Change the beat.

Sing a song that brings love along
Clouds, wind, togetherness, hug
My heart is soothing,
But how long?
Loneliness arrives, my heart cries
Change the beat.

Play tune to take me in memory lane
Family, friends, books, games
My heart rejuvenates
But eyes are wet
Longingness pops, my heart sighs
Change the beat.

Give some note to keep me afloat alone
Mind, soul, earth, sky
My heart learns to fly
But, how much high?
Change the beat.

अनगिनत स्वरूप

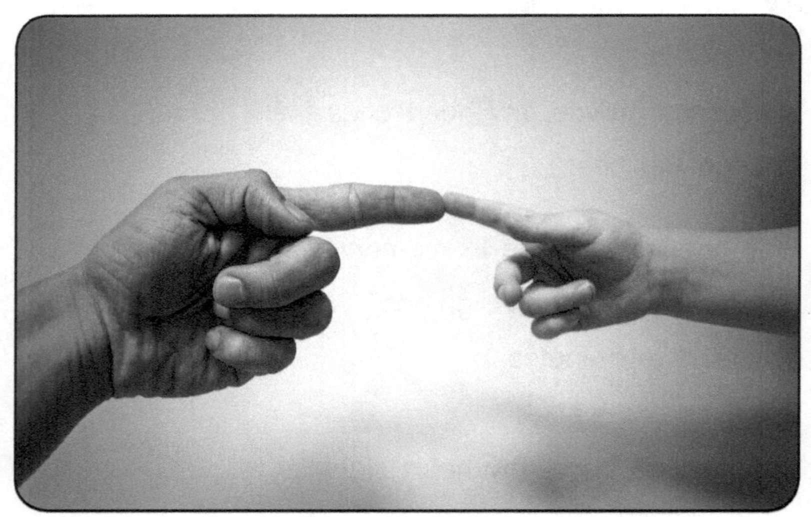

तू आकार है कि तू निराकार है,
आकाशवाणी है या अंतर्मन की आवाज है,
तू मुझमें समा है या मुझे तुझमें मिल जाना है,
तू प्यार की परिभाषा है या त्याग का कोई नाम है,
तुझे जगत जननी कहूँ या तू ही आखिरी धाम है।

ज्ञान की लौ लिये तलाश रहे योगी इनका जवाब,
चिराग तले जीने वाले भी देते रहे हैं समाधान,
जिसकी जैसी दृष्टि, वैसा है तू भगवान।
नहीं तलाशना तेरा डेरा, नहीं जाननी तेरी लीला
बन कर रहूँ बस मैं एक साधारण-सा इंसान।

निर्बल डगमग से थे कदम जब मेरे,
और ऊँगली पकड़ कर चलना सीखा,
बोझिल विचलित हृदय हुआ जब मेरा,
सर पर हाथ फेरकर, थपकी देकर भरोसा दिया।
जब-जब मिला मुझे तू हाड़ - मांस में,
तब-तब दिया है इक आकार तुम्हें।

पत्थर से टकराकर जब आह निकली,
जब कभी राहें अंधकारमय लगने लगी,
बुलंद हौसलों को भेदकर, जब उदासी छाने लगी,
और अपने ही भीतर शून्यता का एहसास किया,
जब-जब आखों से चुपचाप बही है वेदना,
तब-तब निराकार रूप का है ध्यान किया।

UNFINISHED STORIES

Granny knocked the door,
"Child, it's the bed time"
Let me tell you a story
back from my prime.
"There was a king and
there was a queen......"

Oh granny! I feel drowsy,
my eyes are getting heavy.
I am half-listening, half-dreaming.
Granny, tell this story some other day,
my dreams are engrossing me today

Granny knocked the door,
"Child, come in my lap"
Let me tell you a story
best from my wrap.
"There was a lion and
there was a wolf......"

Oh granny! I feel pre-occupied,
my mind is totally void.
I am half-thinking, half-worried.
Granny, tell this story some other day,
my brain is completely stressed today.

Granny knocked the door,
"Child, come in my arms"
Let us together make a story,
right about our charms.
"There is a prince and
there is a horse......"

Oh granny! I am busy,
making my things little easy
I am half-attentive, half-distracted
Granny, tell this story some other day,
my things are not working out today.

Granny knocked the door,
"Child, now it's the time"
I will have to rest for the lifetime.
My blessings may remain with you,
your dreams may come true.
Keep your mind always healthy,
May god keep all your things working

I am aghast, Granny has slept
All stories remain unfinished till date
I, now wonder:
Who was the king, who was the queen?

What the lion and wolf did together?
Was I her prince riding the horse?
Granny has left it all unanswered.

डिबिया का सितारा

वो एक सदी थी, अपने वक़्त से वर्षों पीछे,
वो एक नगर था, गंगा भी बहती थी बचते - फिरते।
जाने कब किसकी बारी आ जाए,
जाने कब कौन कहाँ लापता हो जाए!

भयभीत जनमानस एक ही मन्नत किया करते,
संतान की परवरिश में रात-दिन एक किया करते,
बच्चे यों पढ़े की नाम रौशन हो,
तरक्की ऐसी करें की नगर से पलायन हो।

ऐसी घुटन में पढ़ पाना ही क्या कम दूभर था,
तुमने कैसे कलाकारी का शौक पैदा कर लिया?
सबने समझाया, जिम्मेदारी याद दिलाई,
ममता, विनम्रता, क्रोध, परित्याग से घेरा तुझको,
पर फिर भी बात तुम्हें समझ नहीं आई!

निकल पड़ा तू, सपनों को बुनने,
सितारों की भीड़ में, चाँद की रौशनी ढूँढ़ने।
तू जगमगाया, तेरी मुस्कुराहट दिखी,
नगर के सैकड़ों दिलों में, ख्वाहिशों की लौ उठी।
कई मतवाले थे, तुम्हारी तरह ही जुनूनी,
उनके इरादों को तुमसे ही हिम्मत मिली।

पर यूँ अचानक तुम, सभी को अचंभित कर गए,
चुप्पी की चादर ओढ़ कर, सब कुछ अधूरा छोड़ गए।

अब फिर उस नगर में, ख्वाहिशों की सामत आएगी,
जो उड़ना चाहेगा आसमान में, उसकी हिम्मत टूट जाएगी।
फिर से एक दायरा होगा, मर्यादा की घेराबंदी होगी,
जिम्मेदारी की शोर में, लाखों प्रतिभाएँ दफन होंगी।

बदलती प्राथमिकताएँ

चुभन - सी हुई दिल में, तीखी - सी,
मैं सकते में, सोचा हुआ क्या?
झुक कर देखा, पैरों तले जमीन सलामत थी,
मेरी टोपी, मेरी रोटी मेरे हाथों में महफूज थी,
मौसम भी अपने चिरपरिचित अंदाज में था।
अपनी नब्ज टटोली, धड़कन मापी,
सब अपनी गति से दौड़ रहा था।

फिर दिल में ये कैसा दर्द, ये कैसी चुभन?
कहीं, दिल के भीतर जो जगह है तुम्हारी
वही तो नहीं बनी है, दर्द की सबब हमारी।
हमने कहा था, अगर आना तो ठहर जाना
पर हाँ करके भी तुमने कब है माना,
तुमको तो है बस आना-जाना।

हरबार कहना तुम्हारा, यह जगह हमारी है,
पर हज़ारों मजबूरी अभी हम पर भारी है।
समय हो अनुकूल, आ जाए थोड़ा सुकून,
फिर क्या है, हमें तो है यहीं रह जाना।
याद आया, पहली टिस जब दिल ने महसूस की
भ्रम में जाने तुम हो कि जाने मैं हूँ,
किसने आज तक अनुकूलता की पूर्णता सिद्ध की।

नक्सलवाद बनाम आतंकवाद

हाँ, मेरे जिस्म पर कुछ जख्मों के निशान हैं,
तेज़ धार से चुभी हुई हथेली भी लहुलुहान है।
है मेरे ही घर में खंज़रों का एक अनोखा संग्रह,
कभी जिस्म तो कभी नादान-ए-दिल हैरान है।

अच्छा, हटा तो देते इन धार पे इतराने वालों को घर से,
पर, घर के छोटे - बड़े काम में इनका बड़ा ही नाम है।
फंस जाए कोई पेंच किसी नर्म सतह पर,
अपनी नोंक से पेंच निकालने में भी ये कमाल हैं।

पर, मेरे जख्मों को देखकर तुम क्यों इतरा गए,
लक्ष्मण-रेखा पार कर लड़ने को आ गए!
क्या लगा? ये खंजर जब तुम्हारे हाथ लगेंगे,
मेरे टुकड़े-टुकड़े करने में ये तुम्हारा साथ देंगे?
नासमझों, ये खंजर हैं, किसी के साथ नहीं होते,
धार लगेगी जिसको, उसका ही रक्त पीते हैं।

वर्षों से इनके हत्थों पर, मैंने ही हुनर दिखाया है,
इनके तेज धार से नक्काशी कर, अपने घर को सजाया है।
अगर परखना है मेरी कौशल को तो, आओ रण में,
इन्हीं खंज़रों से, तुम्हें क्षत - विक्षत कर डालेंगे।
और सुनों, नरसिंह हैं हम, टकरा गए हमसे तो
अपने नाखूनों से ही तुम्हारे धर को चीर जाएंगे।

जीवन की किरण : कभी सात रंग तो कभी बेरंग

अचरज में हूँ, ऐसा क्या माँग दिया,
जो इस तरह से हंगामा हुआ?
माँगी थी तो बस दो पल की बातें,
जहाँ तुम चुप रहो और हम भी ना कहें कुछ
पर बातें कर जाएँ सारी हमारी ये आखें।

माना कि आसान नहीं है ऐसी मुलाकातें,
दुनियादारी की बातें बिसराकर,
जगानी होती समर्पण की वो चाहतें,
जहाँ तुम्हें बस मैं दिखती,
और मुझे बस तुम नजर आते।
पर क्या इतना ज्यादा माँग लिया था मैंने
जो इस तरह से हंगामा हुआ?

जीवन के सभी भावों को समेटकर,
हर पन्ने पर एक नई रचना उकेरकर,
भेंट किया था तुम्हें, खुद को किताब की तरह।

जब बारिश होती और हवाओं में
मिट्टी की सोंधी खुशबू तैर रही होती,
टिप-टिप बूंदों की सरगम में जब,
अंतर्मन में नवीनता की कोंपले फूँटती।
रोमांचित होकर पुस्तक का वह पन्ना पलटते
जहाँ रिमझिम सावन में मधुर मिलन की
इक गीत लिखी है मैंने।

जब दिन बोझिल - सा रहता और
अदृश्य जंजीरों में जकड़ा सा
महसूस करता तुम्हारा हृदय-मन,
तब शाम की लालिम अंधेरों के
तन्हाई में खोलते उस पन्ने को,
जहाँ जिन्दगी के मर्म को पिरोकर
गज़लें लिखी है मैंने।

जब कोई उलझन सुलझा कर आते
लगता जैसे कोई जंग जीत लिया हो,
उत्सव - सा मन में तरंगें नाचती
प्रफुल्लित होकर किताब खोलते।
रंग उमंग से भरा भी एक पन्ना है उसमें
जहाँ तन मन को थिरका देने वाला
एक नगमा लिखा है मैंने।

पर यह क्या?
हाथ पड़ते ही, सारे पन्ने पलट डाले,
एक साथ इतने भाव पाकर
शायद तुम भी घबरा गए।
रख दिया है अब उस किताब को
मेज़ के किसी दराज में।
रोज सोचते हो निकालकर पढूंगा,
पर वक्त कहाँ निकाल पाते हो।

अकर्मण्यता की बेड़ियों में पौरुष

कब तक,
तेरा गिरना किसी की साजिश होगी,
तेरा बढ़ना तेरी अपनी ताकत होगी।

कब तक,
तेरी कमाई में सिर्फ तेरा हिस्सा होगा,
पर दूसरे की मिठाई में तेरा भी कुछ हक होगा।

कब तक,
तेरे डगमगाते कदम थामने सैकड़ों हाथ बढकर आ जाए,
और तुनकमिजाजी में तू कहीं भी डंडा लेकर खड़ा हो जाए।

कब तक,
रोटी कमाने कोई दिन-रात अपनी उम्र गुजारे,
और चौपाल में बैठ तू, उस रोटी का हिसाब लगाए।

कब तक,
किस्मत का दोष होगा, शासक चोर होगा,
तेरे चिलम का आग भी, किसी और का भेंट होगा।

कब तक,
तेरे पैरों में अकर्मण्यता की बेड़ी होगी,
और उस बेड़ी की रक्षा में, वीरों की कुर्बानी होगी।

कब तक पौरुष मौन रहेगा,
कब तक चेतना शून्य रहेगी।

कभी तो तेरा स्वाभिमान जगेगा,
उठेगा तू और अपना अस्तित्व ढूँढेगा।
तभी इंसाफ जगेगा, न्याय की बातें होंगी,
पर तब तक समानता की बातें बेमानी होगी।

महादेव कौन बनेगा?

पाप - पुण्य, अर्थ - अनर्थ,
श्वेत-श्याम के भेद हुए धूसर,
अब तो जागो सुर - असुरों
संकट का समय आ रहा निकट।

भूमंडल में बन रही संभावना,
फिर एक बार समुद्र मंथन है साधना।
विष्णु अपनी शैय्या छोड़ो,
कच्छप बन सागर में उतरो।
जग-विनाश के जब हालात बनेंगे
सुर - असुर सब मथने को उतरेंगे।
अमृत की चाहत में पूरा जोर लगेगा
पर कहो, विष पीकर महादेव कौन बनेगा?

जगत - कल्याण को शीश चढ़ाने,
प्राण न्यौछावर कर सृष्टि संवारने,
आतुर होंगे कई योद्धा प्रखर,
पर विष को अपनी कंठ में दबाकर
त्रिलोक को उसके प्रकोप से बचाकर
अमृत की जिसको चाहत ना होगी
कहो, नीलकंठ सा धैर्य दिखाएगा कौन?

वो योगी होगा, तटस्थ होगा,
वाणी में ओमकार, मस्तक पर तेज होगा।
जिसके दो नेत्रों से प्रेम की गंगा बहेगी,
पर तिसरे नेत्र में दहकेगी ज्वालामुखी।

हिमशिला के आसन पर भी
जिसकी एकाग्रता नहीं विचलित होगी,
पर अधीरता का जो तांडव होगा
प्रलय का वो अवतरण होगा,
अतिश्योक्ति जिसका चित्रण करेगी,
पर वो सदैव हित को तत्पर होगा,
वही विष धरेगा, वही महादेव बनेगा।

कभी कभी बस यूँ ही

फिर कहते-कहते जरा रूक जाना तुम,
दिल की कसक को थोड़ा बहला जाना तुम।

इस राह में जोखिम हैं बहुतेरे,
तुझे तो ज्ञात है डगर के सभी फेरे।
आने वाला राहगीर अंजान है ठोकरों से,
निगाहें खोईं है उसकी, दूर कहीं अंबर में।

आवाज देकर उसे आगाह कर तो सकते हो,
उस बेखबर की सफर को आसान तो कर सकते हो,
पर कहते-कहते जरा रूक जाना तुम,
कभी कभी बस यूँ ही चुपचाप रह जाना तुम।

हल्के में चली जाएगी बेशकीमती कोशिश तुम्हारी,
अक्ल ठिकाने तो गड्ढे में गिरने के बाद ही आएगी।

फिर बाण को वापस तरकश में सजा लेना तुम,
दिल में दहकती आग पर सावन बरसा लेना तुम।

किसी की चेष्टा से तुम विचलित होगे,
नादानियों पर उनकी, शायद तुम क्रोधित होगे,
छेड़ा होगा उसने हृदय की उस तरंग को,
जिसकी कंपन कर रही बेचैन मन मस्तक को।

अपनी क्रोध की ज्वाला में सब राख तो कर सकते हो,
एक बाण की वार से अपना इंतकाम तो ले सकते हो,

पर बाण को वापस तरकश में सजा लेना तुम,
कभी कभी बस यूँ ही क्षमा करते जाना तुम।

तुनक में बाण के वार से, निर्भिकता ही बढ़ेगी,
तरकश में सजे प्रताप से, समर्पण की बात बनेगी।

www.ingramcontent.com/pod-product-compliance
Lightning Source LLC
LaVergne TN
LVHW090937230826
846093LV00009BA/440

* 9 7 8 1 6 4 9 8 3 9 9 3 0 *